Agenda 2030 Scoperta (2021-2050)

Crisi Economica e Iperinflazione, Carenza di Carburante e Cibo, Guerre Mondiali e Attacchi Informatici

(Il Grande Reset e il Futuro Tecno-Fascista Spiegati)

Rebel Press Media

Disclaimer

I nostri altri libri

Dai un'occhiata ai nostri altri libri per altre notizie non riportate, fatti esposti e verità sfatate, e altro ancora.

Unisciti all'esclusivo Rebel Press Media Circle!

Riceverai nella tua casella di posta elettronica ogni venerdì un nuovo aggiornamento sulla realtà non raccontata.

Iscriviti qui oggi:

https://campsite.bio/rebelpressmedia

Introduzione

A meno che non cambi qualcosa di drastico, il mondo assisterà senza dubbio al primo conflitto nucleare nel 2020".

Il "Grande Reset" è stato pianificato per estendere l'attuale sistema in decadenza, ma fallirà" - Le popolazioni statunitensi, tedesche e britanniche sostanzialmente spazzate via entro il 2025, le ricchezze sparite - "L'Occidente cerca di istigare il conflitto con la Russia per mantenere la propria egemonia, ma fallirà"

Anni fa, siamo stati attratti per la prima volta dalle previsioni pessimistiche di Deagel.com, un sito privato di intelligence geopolitica e militare che si basa su cifre ufficiali, rapporti e documenti della CIA, del Dipartimento della Difesa degli Stati Uniti, della Banca Mondiale, del World Economic Forum, dell'UE, del FMI e di quasi ogni altro ente e organizzazione internazionale credibile, tra gli altri. Nulla sembra essere cambiato dall'aggiornamento del settembre 2020: l'Occidente è ancora al collasso totale nel 2025, mentre l'intensità del colpo varia da paese a paese.

Gli Stati Uniti, il Regno Unito e la Germania saranno particolarmente colpiti, mentre i Paesi Bassi e la Finlandia saranno risparmiati. Tuttavia, Deagel stima che circa 1 milione di persone periranno nel nostro paese.

Deagel ha predetto nel 2014 che il blocco occidentale su entrambi i lati dell'Atlantico sarebbe crollato entro il 2025 a causa della stampa di denaro senza restrizioni e del debito. Questo destino rimane inevitabile. Inoltre, la crisi di Corona ha dimostrato che "il modello di successo del mondo occidentale è basato su civiltà prive di resilienza, che possono a malapena sopportare qualsiasi avversità, anche di poca intensità." Questo è qualcosa che avevamo supposto, e ora abbiamo prove inequivocabili".

Il Grande Reset è un metodo per prolungare temporaneamente la vita di un sistema morente.

Attraverso il cosiddetto Grande Reset, che, come il cambiamento climatico, la rivolta dell'estinzione, la crisi planetaria, la 'rivoluzione verde' e le bufale del petrolio di scisto, è propagandato dall'establishment, la crisi di Covid sarà utilizzata per prolungare la vita di questo sistema economico fallimentare".

Se vuoi saperne di più sugli obiettivi esatti e sul futuro previsto del grande reset, per favore controlla gli altri nostri libri sull'argomento, li puoi trovare sotto il nome del nostro editore "Rebel Press Media" in tutti i principali rivenditori di libri.

Tutto ciò che riguarda il "Grande Reset", compresi i blocchi della corona e l'annientamento intenzionale dell'ospitalità, del turismo e della maggior parte del

4

settore delle PMI, ha lo scopo di invertire rapidamente l'economia di spesa in modo che si possa continuare più o meno sullo stesso piano per qualche anno ancora. Questo potrebbe funzionare per un po', ma non curerà il problema di base e rimanderà semplicemente l'inevitabile. L'élite al potere vuole solo rimanere al potere, che è tutto ciò che conta per loro.

Covid ha dimostrato che l'Occidente è incapace di affrontare le avversità".

Attraverso una convergenza di problemi, il collasso del sistema bancario occidentale - e in definitiva della civiltà occidentale - è l'elemento fondamentale della profezia, e ha una fine disastrosa. Covid ha dimostrato che la diversità e il liberalismo radicale hanno reso le civiltà occidentali incapaci di affrontare le avversità reali".

Deagel usa la pandemia di influenza spagnola di quasi un secolo fa come illustrazione. Uccise tra i 40 e i 50 milioni di persone. Ora, dato che la popolazione mondiale è quattro volte superiore, la corona avrebbe ucciso almeno 160-200 milioni di persone se fosse stata altrettanto terribile (dato il globalismo e i viaggi aerei intensivi, il doppio è più probabile). Tuttavia, il numero di morti (forse artificialmente esagerato) è ora di 2,9 milioni, o lo 0,037 per cento della popolazione mondiale, che è uguale a una debole epidemia di influenza stagionale.

5

Le nazioni più ricche pagheranno il prezzo più alto

'È estremamente probabile che la catastrofe economica globale causata dai blocchi ucciderebbe più persone del virus', sostiene Deagel. La dura realtà della società occidentale, varia e diversificata, è che un crollo porterà un pedaggio dal 50 all'80 per cento, a seconda delle numerose condizioni" (della popolazione). Nel complesso, gli stati sociali più diversi, multiculturali e indebitati (con i più alti standard di vita) pagheranno il prezzo più pesante".

Solo il "sovraconsumo", con enormi dosi di degenerazione senza limiti confezionate come virtù, tiene insieme come "colla" la nostra strana ed errata cultura occidentale. La 'legislazione dell'odio' e i segnali contraddittori suggeriscono che, nonostante la notevole censura, questa colla non è più efficace. Tuttavia, non tutti devono morire; la migrazione può anche essere benefica".

Gli analisti prevedono che i paesi del secondo e terzo mondo che si attengono al "vecchio ordine mondiale" si allineeranno all'Occidente. Tuttavia, poiché questi paesi sono più poveri, l'impatto sarà molto più lieve. Inoltre, queste sono spesso ancora civiltà omogenee (coese), che sono state storicamente molto più resistenti alle grandi crisi sistemiche o ad altri disastri. I paesi che guardano alla Cina hanno le migliori possibilità di recuperare rapidamente la stabilità.

La terza guerra mondiale è "l'evento più probabile negli anni 2020", secondo gli esperti.

La Russia e la Cina hanno iniziato a sviluppare un'alleanza strategica economica e militare, nonostante l'UE si opponga da anni a qualsiasi riconciliazione con la Russia e la ritragga addirittura come un nemico (che sostituirà l'Occidente e formerà il vero Nuovo Ordine Mondiale). Contrariamente alla credenza popolare in Occidente, la Russia e la Cina sono già molto più avanti degli Stati Uniti e dell'Europa (NATO) in termini di tecnologia militare in diversi settori.

Una nuova grande guerra (mondiale) è persino chiamata "il più probabile grande evento" in questi anni 20. Il primo scenario è una guerra convenzionale (come sta per scoppiare in Ucraina) che degenera in una guerra nucleare. Il secondo scenario si colloca tra il 2025 e il 2030, e presuppone un travolgente attacco a sorpresa russo contro l'Occidente. Per lo sgomento dell'élite militare occidentale, i russi hanno mostrato in Siria nel 2015 che sono in grado di effettuare un tale attacco alla perfezione a una distanza di oltre 2.000 chilometri.

L'ironia è che dalla fine della guerra fredda, gli Stati Uniti hanno messo la NATO in condizione di effettuare un tale "primo attacco" alla Russia, e ora sembra che questo primo attacco stia davvero per avvenire, ma il paese che sarà finito sono gli Stati Uniti".

7

Gli occidentali sono snob e fuorviati".

Un'altra caratteristica della società occidentale è che i suoi soggetti hanno subito un lavaggio del cervello al punto che la maggioranza è arrivata ad accettare la loro superiorità morale e il loro vantaggio tecnologico come un dato di fatto. Questo ha spianato la strada al trionfo delle argomentazioni emotive su quelle intellettuali, che vengono ignorate o respinte. Questo pensiero potrebbe giocare un ruolo importante nei disastri imminenti".

A meno che non cambi qualcosa di drastico, il mondo vivrà la prima guerra nucleare".

Iniziare una guerra sembra essere un modo facile e veloce per recuperare l'egemonia perduta. La Francia non aveva armi nucleari nel 1940, quindi non poteva trasformare una sconfitta in una vittoria. A causa dello scomodo potenziale di diventare "il dittatore e la sua sporca puttana" che fuggono in preda al terrore mentre il resto del mondo ride di loro, l'Occidente potrebbe provarci ora.

A meno che non cambi qualcosa di drastico, il mondo assisterà senza dubbio alla prima guerra nucleare". La scomparsa del blocco occidentale potrebbe avvenire prima, durante o dopo la guerra. Non fa differenza. Una guerra nucleare è un rischio con miliardi di vittime, e la cifra sarà di centinaia di milioni durante il crollo".

Tabella dei contenuti

Disclaimer 1

I nostri altri libri 2

Introduzione 3

Tabella dei contenuti 9

Capitolo 1: Restano solo 5 anni?......................... 10

Capitolo 2: Suicidio economico in Europa?................ 25

Capitolo 3: Iperinflazione negli Stati Uniti?.............. 31

Capitolo 4: Carenza di carburante e cibo? 34

Capitolo 5: Ci vorrà un solo cyber-attacco?!............. 36

Capitolo 6: La prossima guerra mondiale?................ 46

Capitolo 7: Bugie palesi.................................... 50

Capitolo 8: la Cina entra nel gioco 55

Capitolo 9: L'Occidente contro la Russia................. 58

Capitolo 10: Agenda 21 riassunta 62

Capitolo 11: Dramma orchestrato 73

I nostri altri libri 76

Capitolo 1: Restano solo 5 anni?

Grandi attacchi terroristici (false flag), mega-crisi finanziarie, l'emergere dello stato di polizia e persino una grande epidemia virale sono stati tutti predetti dagli autori 23 anni fa, culminando in una nuova guerra mondiale - Perché l'umanità rifiuta di imparare dal passato?

Gli autori William Strauss e Neil Howe hanno dimostrato, usando 500 anni di storia occidentale, che l'ascesa e il collasso di una civiltà seguono certi processi e modelli che non possono essere evitati di volta in volta nel loro libro del 1997 The Fourth Turning. Hanno anticipato che questi principi storici avrebbero portato alla scomparsa della civiltà occidentale entro il 2025.

Fino a un'enorme esplosione di virus, le fasi e le situazioni che hanno descritto 23 anni fa si sono rivelate quasi agghiaccianti. È possibile che siano arrivati gli ultimi cinque anni della nostra civiltà?

Purtroppo, tutte le indicazioni sono che effettivamente gli ultimi 5 anni sono arrivati.

Un noto proverbio dice: "La storia si ripete". Strauss e Howe hanno studiato come le civiltà antiche e moderne hanno prosperato, governato e alla fine sono scomparse. Hanno scoperto diversi parallelismi sorprendenti, come un ciclo di 80 anni con quattro fasi distinte:

1. Il periodo di prosperità che segue una crisi catastrofica. Nel nostro caso si trattava della seconda guerra mondiale. Come società, abbiamo iniziato a ricostruire insieme. Tutti condividevano la stessa ambizione: creare un futuro migliore per i propri figli e per se stessi. Il morale era buono e la fiducia nel governo era alta. Il risultato fu un aumento massiccio della prosperità e del benessere dell'uomo comune.

2. Essere consapevoli. Questo periodo iniziò negli anni 60, quando un numero crescente di persone cominciò a sfidare le norme e gli ideali dell'ordine esistente, così come i suoi giudizi. Abbiamo avuto la rivoluzione "psichedelica", così come le manifestazioni contro le guerre che erano sia mortali che futili, come il Vietnam. Le proteste e i movimenti per i diritti civili guadagnarono popolarità.

3. Decomposizione. L'Occidente è emerso dalla grande crisi della fine degli anni '70 e dell'inizio degli anni '80 grazie alle politiche economiche, finanziarie ed estere del presidente Ronald Reagan, ed è entrato in un'era di straordinaria crescita negli anni '90. In contrasto con il suo periodo di massimo splendore, questa espansione ora beneficia soprattutto il "grande denaro", Wall Street, le banche, le multinazionali, la potente élite, e solo pochi cittadini che hanno dovuto accontentarsi delle briciole del boom della ricchezza.

Allo stesso tempo, la società ha spostato la sua enfasi
dalla comunità all'individuo, dando luogo alle
generazioni di oggi, egocentriche, dei "selfie" e di
Facebook, le cui vite ruotano principalmente intorno
alle proprie percezioni, esperienze, sentimenti, contatti
e opinioni. La perdita di un obiettivo condiviso,
esacerbata in parte dall'obiettivo di cancellare i confini
nazionali, sociali, culturali e personali, ha portato a una
frammentazione diffusa nella società e nella politica,
così come a una perdita totale del senso di identità.

Allo stesso tempo, la società ha spostato la sua enfasi
dalla comunità all'individuo, dando luogo alle
generazioni di oggi, egocentriche, dei "selfie" e di
Facebook, le cui vite ruotano principalmente intorno
alle proprie percezioni, esperienze, sentimenti, contatti
e opinioni. La perdita di un obiettivo condiviso,
esacerbata in parte dall'obiettivo di cancellare i confini
nazionali, sociali, culturali e personali, ha portato a una
frammentazione diffusa nella società e nella politica,
così come a una perdita totale del senso di identità.
Questo vuoto si è rivelato un terreno fertile per l'ascesa
della moderna religione settaria del "cambiamento
climatico" e di altri gruppi estremisti come Black Lives
Matter.

4. L'inizio della crisi. Con l'inizio della crisi finanziaria nel
2008, è iniziata la fase finale. I politici hanno usato
quantità inimmaginabili di denaro dei contribuenti per
salvare i loro amici delle banche e, soprattutto, se stessi
e le loro convinzioni politiche, lasciando il popolo a

pagarne le spese. Diverse decisioni sono state prese contro il desiderio della maggioranza, tra cui la maggiore integrazione degli stati membri dell'UE in un Superstato, la formazione di un flusso perpetuo di denaro da Nord a Sud (Transfer Union), e la grande importazione di milioni di migranti dal mondo musulmano, e il graduale smantellamento del nostro stabile ed economico approvvigionamento alimentare ed energetico e la prosperità a causa di un problema climatico che è stato risucchiato fuori dalla nostra testa.

Dalle crisi finanziarie agli attacchi terroristici e alle epidemie virali, quasi tutto si è avverato.

Date un'occhiata ai cinque principali sviluppi ed eventi previsti da Strauss e Howe per le fasi 3 e 4, che credono porteranno alla fine della nostra civiltà:

1. Crollo finanziario ed economico. Lo stato aumenta le tasse, sequestra i beni dei residenti e stabilisce una società di controllo totalitario. I cittadini resistono nella fase finale (ad esempio, gli altoparlanti gialli in Francia), spingendo i governi a schierare le forze di sicurezza. Alla fine viene imposto lo stato d'assedio o qualche altro tipo di stato di emergenza perpetuo.

2. Un grande attacco terroristico su una compagnia aerea (quattro anni prima dell'11 settembre) al quale gli Stati Uniti reagiscono con la forza militare. La polizia e le forze di sicurezza guadagnano sempre più potere, e sono ora autorizzate a regolare e arrestare i civili per le strade e successivamente nelle loro case senza alcuna ragione apparente. Più aggressioni sollevano preoccupazioni di false-flag, spingendo le accuse contro il governo.

3. Crollo del mercato azionario. A partire da Wall Street, le banche di tutto il mondo crollano, e i governi sono costretti ad assumere debiti enormi a spese della società per "salvare" queste istituzioni. (Nel 2008, questo si è verificato.) La seconda crisi finanziaria è iniziata nell'UE nel 2015, quando la BCE ha implementato tassi di interesse negativi. La prossima crisi finanziaria "calda", che sarà utilizzata per digitalizzare completamente il movimento del denaro, dovrebbe verificarsi nel 2021).

4. Scoppio di un virus. Una nuova malattia pericolosa si sta diffondendo velocemente, e sarà usata per giustificare quarantene su larga scala (lockdown) e altre politiche autoritarie, privando i residenti di quasi tutte le loro libertà.

5. Conflitto armato. La Russia reclama il controllo delle anarchiche repubbliche ex sovietiche (che non è successo) e crea una partnership strategica con l'Iran (anche questo non è successo). Scontri militari in tutto il mondo (che si sono verificati: Iraq, Afghanistan, Siria, Yemen, Libia, Azerbaijan-Armenia, tensioni militari Cina-USA, Cina-Giappone, Cina-India, India-Pakistan, USA/NATO-Russia, USA/Israele/Arabia Saudita-Iran,

Turchia-India) sfociano in guerre brutali, che potrebbero portare alla terza guerra mondiale.

Il quarto punto di svolta è iniziato.

Di conseguenza, il "quarto punto di svolta" negli Stati Uniti e in Europa è ben avviato e sembra essere arrivato alla sua conclusione (2020-2025). Per anni, la società è diventata più insicura e violenta. La gente si polarizza sempre di più in campi di "destra" e "sinistra" sempre più radicali, con la "destra" che vuole tornare a un periodo più stabile e prospero quando aveva ancora voce in capitolo sul futuro dei propri paesi, e la "sinistra" che vuole demolire tutte le strutture esistenti, con l'immigrazione di massa, la politica climatica e la "diversità" come armi principali.

Il terrore dell'opinione 'politicamente corretta' del governo e dei media mainstream, che certamente nel 2020 funzionerà puramente come un 'Ministero della Propaganda', assicura nel frattempo che un gruppo sempre crescente di persone, che sono preoccupate per gli sviluppi e le decisioni che vengono prese più e più volte, vengono messe in un angolo e ignorate e/o annerite come 'razzisti di estrema destra' o 'teorici della cospirazione'.

Dopo tutto, la politica di sinistra aspira a conquistare il potere con la violenza.

Dopo la sorprendente vittoria elettorale di Donald Trump su Hillary Clinton, la candidata del governo ombra dello "Stato profondo", sono scoppiate proteste di massa ben organizzate (Antifa, Black Lives Matter), finanziate dal globalista di estrema sinistra George Soros, nella speranza di impedire la rielezione di Trump causando più caos e violenza possibile.

L'America patriottica "di destra" è ancora in gran parte silenziosa, ma gli analisti credono che un numero considerevole di sostenitori di Trump sia pronto a difendere il loro presidente, soprattutto se i democratici, con l'aiuto dei media che controllano, inscenano un colpo di stato dichiarando Joe Biden vincitore dopo il 3 novembre, anche se Trump avesse ottenuto una vittoria massiccia. Scontri violenti sono inevitabili, e alcuni analisti stanno persino predicendo una nuova guerra civile e la probabile divisione degli Stati Uniti in molte sezioni. Questo avrà implicazioni di vasta portata anche per l'Europa.

È la morale, non la tecnologia, che definisce la civiltà.

Molte persone fanno l'errore di concentrarsi solo sui progressi tecnologici ("Guarda tutta quella nuova tecnologia intelligente!") e sulle condizioni socioeconomiche superficiali ("Stiamo ancora andando abbastanza bene, vero?") quando valutano la salute di una civiltà. Tuttavia, questi non sono gli indicatori più importanti della salute di una civiltà. Questo perché la mentalità e la moralità sia del popolo che dei suoi leader sta o cade costantemente - letteralmente.

I politici che non si vergognano più dell'auto-arricchimento, delle bugie e degli inganni (tanto meno di dimettersi), ma che li impiegano come una cosa normale, sono di solito all'avanguardia del declino. Promesse elettorali e piattaforme che vengono completamente disattese o ribaltate. Senza consultare i cittadini, si fanno passare trattati e scelte che danneggiano la società e la sovranità. Le libertà vengono progressivamente ridotte, o forse tolte del tutto, con vari pretesti come una "crisi climatica" o una "pandemia virale".

La stampa libera è stata praticamente comprata ed è controllata e abusata come un Ministero della Propaganda, e la libertà di espressione viene costantemente erosa. C'è solo una "via corretta" in ogni campo politico; l'opposizione dissidente è demonizzata, disprezzata o messa a tacere. Le voci dissidenti sono diffamate, derise o messe a tacere. I politici e i personaggi pubblici "sbagliati" sono sottoposti a processi spettacolari, esclusi, licenziati o messi da parte in altri modi.

Abbiamo a che fare con un governo che vuole più potere e lo sta ottenendo attraverso più tasse e regolamenti, così come una serie di requisiti aggiuntivi che soffocano la privacy e la libertà di autodeterminazione. Inoltre, impone conseguenze più dure a coloro che rifiutano, e quindi comincia ad agire come un'organizzazione terroristica. Il potere giudiziario agisce solo come un "timbro di approvazione" per la politica del governo, proprio come faceva nel blocco orientale comunista. La "separazione dei poteri" non è più un problema, quindi i cittadini e le piccole imprese non hanno alcuna prospettiva di vincere una causa contro il governo.

Un errore critico: il denaro è concentrato in un piccolo gruppo d'élite.

La connessione con la caduta dell'Impero Romano è più che valida per tutte queste ragioni. La corruzione totale era celebrata nell'alta marea a Roma, come lo è tuttora, ed era "party on" e "business as usual" fino alla fine. Il denaro non riusciva a smettere di svalutarsi, e la vita si orientava sempre più sul piacere, il divertimento e il godimento sempre più lisci e senza fine. Nessuno sembrava vedere che l'impero stava decadendo dall'interno. Di conseguenza, l'impero, una volta ritenuto invincibile, poteva implodere e dissolversi in pochi giorni prima di cadere definitivamente.

In termini di quadro cupo per la nostra civiltà, "The Fourth Turning" è tutt'altro che unico. Il Goddard Space Center della NASA ha finanziato un progetto di ricerca guidato dalla matematica Safa Motesharrei sei anni fa (National Socio-Environmental Synthesis Center). Hanno paragonato i progressi occidentali a quelli delle civiltà romana, Han, Maurya, Gupta e Mesopotamia.

Hanno determinato che negli ultimi 5.000 anni, nessuna civiltà altamente sviluppata, complessa o creativa è stata in grado di sostenersi indefinitamente, e che anche l'Occidente è sull'orlo dell'estinzione. La ragione principale è che, come ogni altra civiltà prima di essa, l'Occidente sembra aver commesso l'errore critico di non condividere adeguatamente la ricchezza crescente in tutta la società.

La stragrande maggioranza del denaro, soprattutto durante gli anni '90, si è concentrata nelle mani di una piccola minoranza elitaria (principalmente nei settori finanziario, economico e politico), nonostante sia prodotto dalle masse più povere. Le persone più povere, d'altra parte, ne sono ignare.

Questo squilibrio porta a un collasso di "tipo L", in cui la gente comune non è in grado di sbarcare il lunario a causa dell'aumento degli oneri, e diventa impoverita e affamata. I governi, come è consuetudine ovunque, rispondono con un maggiore controllo e repressione, opprimendo e terrorizzando i loro cittadini. Seguono poi massicce rivolte popolari, rivoluzioni e guerre civili, a volte lentamente, a volte rapidamente, in cui i civili cercano vendetta sull'élite.

Deagel e il modello informatico del MIT

Oltre a "The Fourth Turning" e agli studi della NASA, il famoso modello informatico "World One" del

Massachusetts Institute of Technology (MIT), sviluppato nel 1973 e continuamente aggiornato in seguito, ha previsto il collasso della civiltà tra il 2020 e il 2040.

Diversi articoli sono apparsi negli ultimi anni su Deagel, un sito privato americano di intelligence militare senza scopo di lucro che prevede la scomparsa di centinaia di milioni di persone in Europa e in America da qui al 2025 come risultato di un crollo totale dell'economia, della prosperità e della società sulla base dei dati della CIA, del FMI e dell'ONU.

Il peso insostenibile del debito che sia l'America che l'Europa hanno accumulato, secondo Deagel, è il colpevole principale, che alla fine spazzerà via la nostra prosperità in una serie di gravi catastrofi. Le persone che possono emigrare lo faranno, ma altri milioni di persone periranno nel pandemonio che seguirà o si suicideranno perché i loro stili di vita sicuri sono stati distrutti per sempre. Secondo Deagel, dopo la caduta dell'Occidente, il centro della civiltà umana si trasferirà in Russia e in Cina.

'Una probabile epidemia globale di, diciamo, Ebola o qualsiasi altro virus non viene nemmeno contata nelle cifre', ho scritto il 16 agosto 2018, in un pezzo intitolato 'Il modello informatico del MIT prevede la fine della prosperità entro il 2020 e la fine della civiltà entro il 2040'.

Nel 2020, si verificherà una crisi virale fabbricata, e l'élite occidentale prenderà il potere.

È ancora possibile evitare il crollo della nostra civiltà? Sì, ma questo richiede qualcosa che non è mai stato fatto prima nel mondo, in nessuna epoca: leader che tornino sui loro passi, abbandonino il nepotismo, l'abuso di potere e la cultura dell'avidità, e restituiscano prosperità e libertà al popolo. Inoltre, devono assumersi la responsabilità delle loro (mis)azioni ed essere disposti a subirne le conseguenze. Date un'occhiata a L'Aia, Bruxelles, Berlino, Parigi, Roma e Washington: credete che questo accadrà?

Quest'anno, l'élite occidentale ha usato un ordinario coronavirus simile all'influenza per effettuare un colpo di stato finale unico nella storia dell'umanità, al fine di evitare una nuova catastrofe bancaria e del debito globale. Mai prima d'ora i leader politici hanno oppresso i loro stessi cittadini in tale misura, proibendo e criminalizzando il regolare contatto umano e distruggendo il benessere e la prosperità di centinaia di milioni di persone in tutto il mondo.

Secondo varie stime, il numero di morti causati dalla politica di Corona - incluso un gran numero di pazienti non trattati o trattati in ritardo con malattie cardiache, tumori, emorragie cerebrali, diabete, ecc., così come persone che muoiono di fame o si suicidano - è già un multiplo del numero ufficiale di morti di Covid, che è probabilmente almeno dieci volte più alto a causa della provata falsificazione dei dati. Le forze dominanti, d'altra parte, vedono questo come un sacrificio necessario per il "Grande Reset", che si sta realizzando sotto l'Agenda 21/30 comunista dell'ONU.

Solo una grande ribellione pacifica sarà in grado di rovesciare il sistema di controllo totalitario.

Questa "cabala" di politici e miliardari cercherà di evitare le inevitabili rivolte popolari nei prossimi anni, combinando l'allontanamento sociale obbligatorio (1,5 metri) con la tecnologia d'avanguardia (centinaia di miliardi di telecamere e sensori, migliaia di satelliti, 5G, vaccini che modificano il DNA), così come la repressione violenta della polizia e dei militari, per stabilire uno stato totalitario senza precedenti.

Cosa possono fare le nazioni per prevenire un futuro così orribile per loro e per i loro (nipoti)? L'unica soluzione è usare il potere dei numeri: insorgere pacificamente in grandi gruppi; decidere a milioni di persone di smettere di collaborare con le misure. Una percentuale significativa della comunità aziendale, così come la polizia e i militari, sostengono il popolo.

La violenza non è mai una soluzione; porta semplicemente ad altra violenza e all'intervento forzato, che porta ad altro spargimento di sangue. Solo quando un governo (sia esso un regime di occupazione o il proprio) passa al terrorismo e comincia ad arrestare, imprigionare e disporre violentemente dei cittadini in "strutture" (campi di internamento/concentramento, prigioni e così via) senza alcuna forma di processo e/o sulla base di leggi illegali, la violenza è giustificata.

Quando si faranno irruzioni, la gente verrà tirata fuori dalle loro case e portata via, e i poliziotti e i militari cominceranno a sparare munizioni nelle strade, saprete che questo momento è arrivato, e che siamo diventati ancora una volta territorio di BEZET, cosa che preghiamo ardentemente che non accada mai. Allora avete il diritto, così come l'obbligo, di difendere voi stessi e i vostri cari.

Credi negli scenari del giorno del giudizio?

Potreste liquidare gli scenari cupi di cui sopra come scenari apocalittici. Almeno in passato, la maggioranza della popolazione ha solitamente reagito in questo modo agli avvertimenti e ai segnali di calamità imminenti.

Questo è il motivo per cui la storia si ripete più e più volte, e l'umanità raramente, se mai, sembra imparare dai suoi errori. Le persone e le civiltà hanno ripetutamente rifiutato di riconoscere che la prosperità e la libertà non sono un dato di fatto, che devono essere combattute quotidianamente, e che se non lo facciamo, se preferiamo preoccuparci del materialismo e del divertimento, le persone assetate di potere vinceranno sempre, inaugurando una nuova era di miseria e oppressione.

Perché siamo così restii a imparare dalla storia? Perché
non riusciamo a riconoscere che la storia è ciclica
piuttosto che lineare. Perché, arroganti come siamo, ci
rifiutiamo di considerare l'idea che la storia possa
ripetersi in qualsiasi momento. Ecco perché si ripete
ESATTAMENTE NELLO STESSO MODO - più e più volte.
Ancora una volta, si sta dirigendo nella direzione
sbagliata ad una velocità vertiginosa, e la colpa è nostra.
Coloro che si rifiutano di vederlo non meritano altro che
la dittatura totalitaria che viene attualmente imposta a
tutti noi.

Capitolo 2: Suicidio economico in Europa?

La nuova crisi dell'euro avrebbe potuto essere evitata - "La gente deve affrontare lo scenario peggiore: tutto è nella merda".

Le aziende falliscono e cominciano a trascinare altre aziende con loro. Entro settembre, il 50% dell'industria dell'ospitalità è in pericolo di cadere, perché un metro e mezzo non va bene per loro, perché non puoi sopravvivere con solo la metà dei tuoi clienti. 'Le tasse non vengono adeguate, vengono rinviate', inizia Hulleman. Si scopre che gli aiuti statali vengono contati come fatturato, sul quale si devono pagare le tasse. Gli imprenditori vengono presi a sinistra, a destra, dietro e davanti. Così è iniziata la crisi".

Wellens ha scoperto poco dopo la crisi del 2008 che "il denaro delle tasse è stato appena scucito per salvare i miliardari, le banche. Perché si dovrebbe fare questo? Ecco perché nel 2015 ha iniziato l'iniziativa Peuro, insieme a Jort Kelder e Thierry Baudet, per ottenere un'inchiesta parlamentare sull'euro e sul funzionamento della zona euro.

Non è arrivata, né sono state fatte scelte coraggiose per evitare una nuova crisi dell'euro. Questo si sarebbe potuto fare uscendo dall'euro, o abolendo l'euro, o riducendolo, e accettando che molti debiti problematici non saranno mai pagati, e quindi avrebbero potuto essere cancellati.

Nessuno in Europa dovrebbe avere dubbi sul sacro progetto dell'euro.

C'è una clausola nel MES (Meccanismo Europeo di Stabilità) firmato dai Paesi Bassi, che può includere 700 miliardi di euro, che se emerge una difficoltà finanziaria nella zona euro, il direttore di quel fondo può chiamare i Paesi Bassi, e noi dobbiamo poi pagare qualsiasi importo richiesto entro 7 giorni.

Questo è stato soprannominato il "vangelo dell'euro" da Arno Wellens, ed è stato anche il titolo di uno dei suoi libri. Se lo tirate fuori in una discussione neutrale con i membri del parlamento, vi sarà impedito di farlo. "Come osi mettere in discussione il santo progetto dell'euro", per esempio. "Mentre è la più grande minaccia per i cittadini europei di sempre", dice Hulleman. È stato definito da Jort Kelder la più grande decisione economica della storia europea, eppure è vietato discuterne. Dopo tutto, perché no? Perché è scorretto".

L'elettore è costantemente ingannato sul fatto che sono soprattutto le banche a volere questo meccanismo perché vogliono sapere che saranno sempre salvate dalla BCE (cioè con i soldi dei contribuenti). "Tuttavia, non è possibile rispondere alla domanda obiettiva e imparziale su come procedere con l'euro", dice Wellens. Di conseguenza, si tira avanti fino alla prossima crisi, che è già in corso. Poi c'è una discussione.

Corona è responsabile del peggior disastro economico del mondo.

Dal 2015, siamo nel mezzo della "crisi più profonda di sempre". Il virus corona è stato solo il catalizzatore. La disoccupazione in Spagna è già al 35%, e si prevede che salirà al 50%-60% nei prossimi anni, e il resto dell'Europa seguirà l'esempio.

Il problema con i referendum è che vengono definiti una montatura di Putin", osserva sarcasticamente. Ecco perché l'ultimo referendum sull'Ucraina, progettato per essere antieuropeo, ha dovuto essere cancellato subito. Ma, certamente, si può semplicemente chiedere alla gente se vuole l'euro. Riconoscendo che questo comporta una concessione di sovranità perché sarebbe necessario un ministro delle finanze centrale".

Suicidio economico

Presto potrete votare per politici belgi, francesi e italiani di cui non avete mai sentito parlare, politici che faranno scelte sulla moneta europea, che è tenuta in un grande calderone e sarà utilizzata per i paesi impoveriti (euro)... Queste persone sono consapevoli del fatto che stanno donando i loro stessi soldi, e che di conseguenza, presto si troveranno in condizioni economiche molto peggiori?

Il 'New Normal' mi ricorda un episodio del Pianeta delle Scimmie".

27

Il 'nuovo normale', d'altra parte, è tutt'altro che normale. È come un pianeta delle scimmie", dice Wellens. Una forma di semi-dittatura", dice l'autore. "Basta lavorare a casa, no?", dice chi si compiace di assecondare le misure. Sì, puoi ancora dirlo come funzionario civile il cui stipendio viene pagato come al solito".

Il tema "Abbiamo un'indennità per il caffè?" è un argomento di conversazione tra i dipendenti pubblici, così come in molte grandi aziende. Wellens ne ha sentito parlare in prima persona. Persone che dicono che erano soliti comprare il caffè al lavoro ma ora siedono a casa e vogliono sapere se possono essere rimborsati o dedurlo dalle loro spese di viaggio. 'Stanno litigando per un gelato con le spalle al mare mentre un'onda di marea alta 16 metri si avvicina', dice Hulleman.

Strangolamento": Il CPB ha già ammesso che l'economia diminuirà del 25%.

Le persone che sono costrette a stare a casa e i cui stipendi non vengono pagati affatto (anche se questo non può mai essere continuato finanziariamente a lungo) dovrebbero già essere considerati disoccupati. Wellens ripete: "La nuova normalità è il suicidio economico". 'Non funzionerà affatto; sarà uno strangolamento'. Un metro e mezzo non basterà mai. Molte imprese, compresa l'industria dell'ospitalità, non possono sopravvivere se è presente solo 1/6, o anche la metà, dei loro clienti e di conseguenza del fatturato.

A causa dei mesi di chiusura (totale o parziale), molte altre imprese andranno in bancarotta, causando un'irreparabile devastazione economica e sociale in tutta l'UE. Come risultato, la successiva disoccupazione sarà massiccia.

Avremmo avuto una nuova crisi bancaria e dell'euro anche se Corona non fosse successo. Corona ha solo accelerato un po' la questione. Poiché nulla è stato sistemato dopo la crisi del 2008, e nulla è stato sistemato dopo la crisi bancaria del 2015, la prossima catastrofe sarà "due volte più terribile". Nell'estate del 2019, Wellens è stato autorizzato a mettere in guardia la Camera dei Rappresentanti su questo per la terza volta, ma è stato respinto ancora una volta.

Questa catastrofe è più grave della crisi economica che si è verificata durante la seconda guerra mondiale", ha detto. Abbiamo raggiunto il livello della Repubblica di Weimar". Dovremmo dimezzare il disordine (debiti, ecc.), quindi dovremmo cancellare tutte le ipoteche, incamerare debiti e crediti, e ricominciare da capo. Sì, molta gente si infurierà".

Mentre un incendio è già scoppiato alla porta d'ingresso, l'UE si comporta come numerosi abitanti di un complesso residenziale che litigano su chi dovrebbe

pagare gli estintori, quale sistema dovrebbero scegliere
e come dovrebbe essere finanziato.

Capitolo 3: Iperinflazione negli Stati Uniti?

La bufala della pandemia ha fatto sprofondare l'Occidente nel debito più della seconda guerra mondiale - il più grande fondo pensionistico britannico (il sesto al mondo) dice agli investitori che per ritirare i soldi potrebbero volerci fino a 95 giorni, e avverte di una possibile insolvenza - gli Stati Uniti prevedono l'iperinflazione nel prossimo futuro.

La maggior parte delle persone sembra credere che sia normale per le banche centrali continuare a produrre enormi quantità di denaro dal nulla con la semplice pressione di un pulsante, in modo che i governi possano continuare a spendere grandi quantità di denaro mantenendo il loro potere d'acquisto. Chiunque abbia seguito due lezioni di economia al liceo sa che questo è contro tutte le leggi finanziarie e fiscali, e prima o poi sfocerà in un gioco. È quasi arrivato: la Banca d'America ha dichiarato ufficialmente l'IPERinflazione. Questo significa che il valore della moneta crollerà, e il costo della maggior parte dei prodotti e servizi salirà alle stelle.

Secondo i dati annuali, il numero di imprese statunitensi che riportano un'inflazione (elevata) è salito di circa l'800%. Di conseguenza, Bank of America non può fare a meno di concludere che questo "come minimo segnala che l'iperinflazione 'temporanea' è in arrivo". Le materie prime (+28%), i prezzi al consumo (+36%), i trasporti (+35%), e i manufatti, in particolare, sono sul punto di esplodere nei prezzi. Nonostante la convinzione della BoA che rimarrà "gestibile", l'iperinflazione è un processo che dimostra intrinsecamente che qualcosa sta andando fuori controllo.

Prezzi esorbitanti

Questo significa che, tra le altre cose, i cittadini dovranno presto pagare molto di più per quasi tutto, e ad un ritmo molto più veloce. In effetti, possiamo già vedere questa alta inflazione mascherata nell'aumento dei prezzi degli immobili (dopo tutto, questi non sono associati a una forte ripresa economica, ma a un'economia del debito finanziata dal governo). Inoltre, un numero crescente di consumatori si sta lamentando che la loro spesa settimanale è diventata significativamente più costosa in un breve periodo di tempo.

La fine della prosperità si avvicina.

Per quanto possa essere angosciante da leggere, la fine del benessere occidentale è ormai in vista. In effetti, la situazione dell'Europa non è dissimile da quella degli Stati Uniti, e per certi versi è più grave. Considerate i debiti sovrani infiniti dell'Italia, della Grecia e della Spagna, così come della Francia e del Belgio. Inoltre, le grandi banche sistemiche europee come Deutsche Bank, Société Générale e UniCredit sono fondamentalmente in bancarotta a livello tecnico.

Il New Deal Verde e il Grande Reset

Il "Green Deal" dell'UE e il "Grande Reset" del World Economic Forum sono in cima. Il primo renderà l'energia, i trasporti e il cibo quasi inaccessibili per milioni di persone, mentre il secondo eliminerà definitivamente le ultime vestigia di libertà e autodeterminazione che ci sono rimaste, mettendo dal 35% al 41% delle persone senza lavoro, secondo le cifre del Forum economico mondiale.

E, mentre l'Occidente si sta lacerando per rendersi conto della gravità della situazione, la Cina e la Russia hanno già iniziato a prendere l'iniziativa.

Capitolo 4: Carenza di carburante e cibo?

È questo il riscaldamento finale per il prossimo grande cyberattacco dell'Occidente?

Secondo gli esperti, l'attacco informatico al principale gasdotto di carburante degli Stati Uniti avrebbe potuto essere risolto in poche ore, e quindi ha tutte le caratteristiche di un'operazione "false flag" progettata per mettere il popolo americano completamente in ginocchio davanti all'emergente dittatura comunista UN/WEF del vaccino climatico. Le prime stazioni di servizio hanno esaurito il carburante, e quelle che rimangono stanno aumentando i loro prezzi in modo drammatico. Per un lungo periodo, il carburante potrebbe essere razionato, e quando ciò avverrà, il cibo seguirà sicuramente.

Secondo un esperto informatico, il Colonial Pipeline da Houston, Texas, a Linden, New Jersey, avrebbe potuto essere in funzione in poche ore se l'attrezzatura rotta fosse stata rapidamente sostituita, dato che la maggior parte dei server di computer oggi sono macchine virtuali (VM). L'interruzione sarebbe stata di pochi minuti se solo il software fosse stato danneggiato. Di conseguenza, l'oleodotto aveva molti backup in ogni modo.

Poiché nessun recupero è stato indicato fino alla fine della settimana, questo esperto informatico ritiene che le carenze di carburante si stanno verificando in modo casuale. Il diesel è ancora usato nei camion, ma solo per un tempo limitato. I supermercati si svuoteranno rapidamente se le cose si fermano oggi o domani, minacciando paura assoluta e pandemonio. Il paese sarà fermo in una settimana, la fornitura di acqua potabile sarà messa in pericolo in due settimane, e la civiltà sarà finita in quattro settimane.

Il governatore della Carolina del Nord ha proclamato lo stato di emergenza e ha temporaneamente (?) razionato la benzina. Anche le pompe di grandi imprese come Shell e BP stanno affrontando problemi di approvvigionamento.

Vi state lamentando? No, se avete votato per questo sistema in primo luogo.

Gli elettori di sinistra, in particolare, non dovrebbero avere lamentele, perché questi partiti - come quasi tutti i partiti di opposizione di sinistra, tra l'altro - sostengono apertamente l'agenda del Grande Reset / Build Back Better / Agenda-21/2030 e hanno lavorato instancabilmente per molti anni per portare questo futuro a voi e ai vostri (non) figli.

Tranne che per se stessi, perché, come nelle precedenti dittature comuniste e fasciste del passato, l'élite di potere farà in modo di non essere mai colpita dalle proprie leggi rocciose sulla libertà e sulla distruzione della ricchezza.

Capitolo 5: Ci vorrà un solo cyber-attacco?!

Nel 2021-2022, un nuovo sistema interamente digitale pianificato da tempo, una tecnocrazia comunista-fascista, sarà formato sui rottami del sistema attuale.

Il World Economic Forum di Klaus Schwab 'simulerà' un grande cyber-attacco in estate, un po' come un esercizio 'reale' con una pandemia di corona (Evento 201) è stato tenuto nell'ottobre 2019 e poi eseguito tre mesi dopo. Cyber Polygon 2021 avrà luogo il 9 luglio 2021, e servirà come sceneggiatura dettagliata per ciò che accadrà più tardi (forse già in autunno): un massiccio 'attacco' alle infrastrutture digitali ed energetiche, che metterà in ginocchio una volta per tutte l'Occidente, in particolare, prima del Grande Reset.

Perché i russi partecipano a questo?

Non è chiaro chi sarà ritenuto responsabile di questa atroce operazione false flag. L'ovvio è l'argomento collaudato che "sono stati i russi!". Sberbank, la più grande banca statale russa, sta partecipando a Cyber Polygon 2021 con il suo cyber business BIZONE.

Quindi, cosa sta succedendo esattamente? La Russia fa parte del piano del World Economic Forum per mettere in ginocchio l'Occidente una volta per tutte? O i russi stanno prendendo parte al Cyber Polygon 2021 perché i politici e i leader militari statunitensi hanno apertamente minacciato la Russia con un attacco informatico per anni? Se questo è il caso, sarebbe prudente conoscere il più possibile le tattiche del nemico in modo da potersi difendere.

Nel 2021-2022, ci sarà una mega-crisi finanziaria.

Come spiegato nei capitoli precedenti, l'inevitabile mega-crisi finanziaria è stata prevista da anni, perché il sistema bancario occidentale - e in particolare europeo - è tecnicamente in bancarotta, il debito in rapida crescita è diventato insostenibile, l'euro ha solo valore cartaceo, e gli anni di tassi di interesse negativi della BCE hanno completamente eroso i risparmi, le pensioni e il potere d'acquisto dell'euro. Di conseguenza, stiamo vivendo "sul tempo preso in prestito", o, per dirla in un altro modo, tempo comprato con massicce quantità di nuovo denaro digitale (decine di miliardi ogni mese), che è servito solo a rimandare il grande colpo (e che, anche per questo, sarà molto più duro, e probabilmente sarà un fatto nel 2021-2022).

Poiché la grande crisi sistemica è così vicina, i governi, le banche e i grandi attori finanziari hanno bisogno di un capro espiatorio per il loro pianificato attacco "false flag", che darà un colpo finale "controllato" al sistema malato prima che crolli da solo. La devastazione causata dal crollo sarà così massiccia, con così tante vittime, che centinaia di milioni di persone disperate vorranno sfogare le loro frustrazioni sui veri responsabili, in questo caso gli stessi governi e banche, guidati dalle grandi organizzazioni globaliste, con il World Economic Forum al timone.

Chi sarà il capro espiatorio?

È "essenziale" assegnare un capro espiatorio al pubblico per evitare sconvolgimenti e rivoluzioni. Forse un altro gruppo di hacker russi, cinesi o dell'Europa orientale sarà coinvolto. La Cina potrebbe essere l'ideale per gli Stati Uniti, dato che il Pentagono sta pianificando una guerra "calda" contro di essa nel prossimo futuro. Anche l'Iran e la Corea del Nord potrebbero essere citati, forse collaborando con la Cina per formare un nuovo "asse del male", che poi dovrebbe essere "naturalmente" combattuto.

L'odio con la Cina è solo uno stratagemma progettato per alimentare le paure pubbliche di guerra e altri disastri? Dopo tutto, sia gli USA che l'UE stanno cercando di replicare il regime di controllo autoritario della Cina.

Un'altra possibilità è che l'assalto informatico sotto falsa bandiera venga fatto risalire a Israele, che la NATO e il Consiglio di Sicurezza dell'ONU sfrutteranno per costringere il paese minacciato militarmente ad accettare un "piano di pace" che dividerà il paese in due e trasformerà Gerusalemme in una sorta di capitale internazionale. Il Vaticano e la massoneria hanno messo gli occhi su Gerusalemme da molto tempo, come abbiamo dimostrato in vari articoli più di dieci anni fa, poiché vogliono farne il centro di una sorta di nuova religione mondiale unificata.

In ogni caso, la bufala della pandemia di corona ha dimostrato inequivocabilmente che deve essere presentata come folle o improbabile affinché il pubblico occidentale, ampiamente disinformato, indifferente e ubriaco, ci creda. TUTTO ciò che i governi e i media affermano è ora accettato come fatto perché "è stato trasmesso in TV, quindi deve essere vero".

Una tecnocrazia comunista-fascista in cui il tuo corpo non è più tuo.

Dall'anno scorso, il Grande Reset del Forum Economico Mondiale si sta rompendo e cambiando drammaticamente la nostra società. Le ultime vestigia di libertà, democrazia e autodeterminazione svaniranno per sempre, il contante sarà sostituito da valute completamente digitali, e il nuovo 'capitalismo azionista' non sarà altro che un sistema combinato comunista-fascista in cui i cittadini e le imprese perderanno tutto, compreso il diritto di controllare il proprio corpo.

Il governo diventa effettivamente l'unico grande azionista in quasi ogni aspetto della vita. Poiché questo sistema permette l'introduzione di un Reddito di Base Universale, e poiché il suddetto attacco informatico pianificato porterebbe così tanta confusione e agonia, la gente accetterà qualsiasi rimedio senza domande, anche con enorme eccitazione. ("Ordo ab Chao") è una frase latina che significa "ordine degli dei".

Tuttavia, i sopravvissuti all'imminente crisi globale scopriranno presto che non hanno nessun potere e nessuna voce in capitolo nel nuovo sistema, nemmeno sui loro stessi corpi. Diventeranno schiavi digitali geneticamente modificati, una forma di androidi o cyborg, come risultato di una vaccinazione forzata di mRNA dopo l'altra - potenzialmente presto con nano-chip. Klaus Schwab ha praticamente proclamato l'implementazione di scansioni cerebrali forzate e chip che possono controllare e alterare i vostri pensieri, desideri e forza di volontà.

Il Forum Economico Mondiale sta mettendo in pericolo la sopravvivenza dell'umanità; quindi, è necessario un vero Grande Reset.

Di conseguenza, il Forum Economico Mondiale si identifica chiaramente come una delle più grandi minacce alla sopravvivenza dell'umanità. È possibile che il Forum Economico Mondiale, con l'aiuto delle potenze occidentali, possa fare molta strada, ma prevediamo che questo odioso regime anti-umano non sopravviverà a lungo. Credono di poter controllare e cambiare la natura umana a causa della loro arroganza senza limiti, ma ciò che creeranno non è altro che l'inferno sulla Terra, che si consumerà sotto il peso della sua stessa malignità megalomane.

Allora, secondo i credenti, sarà il momento di un vero Grande Reset, che sarà effettuato "dall'alto". Quel regno di pace continuerà per sempre, e Klaus Schwab, Bill Gates, George Soros, e Mark Zuckerberg, così come l'élite bancaria ancora sopra di loro, comandata dalla famosa famiglia Rothschild, non saranno più i benvenuti. Quella "Babilonia" sarà demolita per sempre, per non risorgere mai più a tormentare l'umanità.

L'arrivo di una nuova Grande Depressione è semplicemente una questione di tempo.

Saremmo in una depressione peggiore ora che negli anni '30 se metà dell'economia non fosse stata messa agli sgoccioli dall'anno scorso. Quindi è una buona soluzione, giusto? Provate a ricordare la vostra prima lezione di economia al liceo, o la domanda che quasi tutti i bambini hanno fatto ai loro genitori ad un certo punto perché non mettiamo semplicemente i soldi nella fotocopiatrice in modo da averne sempre abbastanza e poter diventare "ricchi".

Le banche devono essere salvate di nuovo

Nessuno parla più della necessità di ridurre il debito. Tutte le parti - governi e imprese - sperano che i tassi d'interesse rimangano zero o negativi per sempre, e che il denaro continui a non avere alcun ruolo per lo Stato. Infatti, lo scenario di orrore assoluto è un aumento dei tassi di interesse. Anche se è piccolo, questo spingerà immediatamente due stati europei molto più grandi per il debito, l'Italia e la Spagna, verso la bancarotta di stato. Il salvataggio è fuori questione, perché costerebbe trilioni di euro. Quindi, il collasso di uno di questi due paesi significa immediatamente il collasso della zona euro.

'Contributi all'igiene', ma da chi?

Di conseguenza, il FMI consiglia ai governi di imporre "pagamenti di risanamento" su redditi, beni e guadagni - uno strano consiglio, dato che solo uno sviluppo economico forte e sostenuto può eventualmente tirarci indietro dall'orlo di un collasso sistemico. Se poi si impongono tasse ancora più alte a un settore economico già in difficoltà, si avrà solo l'effetto opposto: la crisi sarà accelerata e intensificata, centinaia di migliaia di imprese falliranno, e innumerevoli persone perderanno il lavoro.

E non c'è più niente da ottenere da una popolazione che è già tesa. Tasse ancora più alte e tagli peggiori inghiottiranno fasce significative delle classi basse e medie in una povertà abietta. I governi hanno poca scelta se non quella di usare la repressione finanziaria draconiana, che danneggerà il cittadino medio, ma in particolare i poveri e i vulnerabili.

Milioni di persone potrebbero presto non essere in grado di pagare i beni di prima necessità come la casa,

l'energia e il cibo. La maggior parte di noi dovrà
stringere la cinghia, figurativamente e letteralmente.

Alcuni analisti prevedono un'iperinflazione in stile
"Weimar", che spazzerà via totalmente il nostro potere
d'acquisto. Tuttavia, data l'attuale situazione di
vulnerabilità di molti residenti e imprese, anche un
tasso d'inflazione molto più basso, dal 3% al 4%, sarà il
colpo finale. In breve tempo, i titoli di stato, i piani di
assicurazione sulla vita, i fondi pensione e i risparmi
saranno senza valore.

**Il sesto più grande assicuratore del mondo ha emesso
un avviso di "insolvenza".**

I segni che la crisi del sistema finanziario si sta
avvicinando sono evidenti anche nel Regno Unito, dove
Aviva, il più grande assicuratore/fondo pensione del
paese e il sesto al mondo, ha notificato ai suoi clienti
che per ritirare i soldi dai loro conti potrebbero volerci
fino a 95 giorni.

L'effettivo avvertimento che "nell'improbabile caso che
diventiamo insolventi... " è molto più spaventoso. Se
una banca, un assicuratore o un fondo pensione usa
questa parola, è un segno che hanno a che fare con
problemi estremamente seri e molto probabilmente
irrisolvibili.

Oro, argento e contanti rimossi dalla Gran Bretagna

Una grande somma di oro, argento e contanti è stata bruscamente ritirata dal Regno Unito e trasferita al Qatar all'inizio della settimana scorsa, senza alcuna spiegazione. Un pagamento di 1,8 miliardi di dollari dalla Fondazione Hillary Clinton alla Banca Centrale del Qatar è stato registrato dalla Banca dei Regolamenti Internazionali (la banca BIS di Basilea, la "banca centrale delle banche centrali") (QCB).

Le possibili teorie vanno dall'imminente collasso finanziario del Regno Unito a un futuro conflitto con la Russia in cui le città britanniche potrebbero essere annientate con armi nucleari.

I cittadini e le imprese non possederanno nulla nell'euro digitale.

Abbiamo avvertito per anni che una crisi sistemica è in arrivo, e sembra che si stia avvicinando. Il "Grande Reset", che non è altro che l'istituzione di una dittatura tecnocratica comunista climatico-vaccinale dura e oppressiva senza precedenti, sarà usato per far passare il "Grande Reset", che sarà innescato con la scusa di un falso attacco informatico di bandiera (presumibilmente dalla Russia?).

In termini finanziari ed economici, questo significa che l'euro sarà totalmente digitale, che tutto (anche il proprio corpo) sarà controllato dal governo, e che i cittadini e le imprese saranno per sempre privi di qualsiasi tipo di proprietà o voce in capitolo. Il World Economic Forum si aspetta anche un tasso di disoccupazione permanente dal 35 al 41%, così come l'implementazione di un reddito di base che è appena sufficiente per mantenere le persone in vita.

Volete questo reset del WEF? Allora lo avrete.

Questo è ciò che accadrà, e non sarà fermato. Anche se la maggioranza delle persone si svegliasse all'ultimo minuto e si rivoltasse contro di esso, sarebbe comunque necessario un "Grande Reset", ma di una grandezza completamente diversa da quella del WEF e dei globalisti a Washington, Bruxelles, Londra, Parigi, Berlino, Roma e L'Aia. Il loro reset concentra tutto il potere e le ricchezze in un minuscolo gruppo di persone, mentre il Reset di cui abbiamo effettivamente bisogno ottiene l'esatto contrario.

La Deutsche Bank, tecnicamente fallita, ha avvertito che il "Green Deal" dell'UE, che dovrebbe permettere il "Grande Reset", scatenerà invece una mega-crisi e inaugurerà un'eco-dittatura che distruggerà il nostro attuale benessere.

Capitolo 6: La prossima guerra mondiale?

L'Occidente ha commesso un errore catastrofico nell'aspettarsi che la Russia avrebbe utilizzato le armi nucleari solo all'ultimo momento possibile.

Il Comando Strategico degli Stati Uniti (USSTRATCOM) ha rilasciato un rapporto che sostiene che l'imprevedibilità della guerra nucleare è ora ufficialmente considerata. Lo spettro dei conflitti di oggi non è né lineare né prevedibile. Dobbiamo considerare il potenziale che un confronto potrebbe portare velocemente a circostanze che potrebbero spingere un avversario a usare armi nucleari come ultima risorsa". Ciò che gli Stati Uniti non riescono a riconoscere è che la Russia non aspetterà la fine di una guerra convenzionale prima di ricorrere alle armi nucleari.

Sorprendentemente, la NATO continua a credere che la Russia sia incapace di vincere una guerra. Credendo così, la NATO commette il grande errore che i russi cercheranno prima di respingere un attacco occidentale con mezzi convenzionali, e solo quando saranno in pericolo di perdere quella battaglia si rivolgeranno alle armi nucleari.

Questa dottrina militare è per lo più fondata su un mix di sfrenata arroganza sulla superiorità militare che non esiste più nella realtà e una completa mancanza di comprensione della mentalità russa (e anche cinese). Il presidente Vladimir Putin, d'altra parte, è stato molto esplicito quando ha detto a una conferenza stampa qualche anno fa che una cosa che ha imparato per strada è che quando sei con le spalle al muro e un combattimento è imminente, la cosa migliore da fare è dare il primo colpo da solo.

Centinaia di migliaia di truppe sono messe l'una contro l'altra.

Vicino a Luhansk e Donetsk (il Donbass), l'Ucraina ha raccolto 110.000 uomini, insieme a 450 carri armati e 800 pezzi di artiglieria. Altre 40.000 truppe della NATO sono di stanza nelle nazioni che circondano l'Ucraina. Lunedì scorso, gli Stati Uniti hanno iniziato a trasferire carri armati, jet da combattimento e altre armi al futuro campo di battaglia.

Ci sono 150.000-200.000 truppe russe, 1.300 carri armati, 1.300 pezzi di artiglieria, 380 lanciarazzi multipli, 300 aerei da combattimento e bombardieri, 3.700 droni, 280 elicotteri, 26 navi e oltre 4.000 veicoli blindati schierati su un fronte di 1.000 chilometri. A proposito, questi non sono stati trasferiti in prima linea fino a quando l'Ucraina non ha inviato decine di migliaia di truppe nel Donbass e il presidente Zelensky ha firmato un documento che chiedeva la cattura della Crimea, che era essenzialmente una dichiarazione di guerra contro la Russia.

Chiaramente, il Cremlino ha tracciato una linea dopo anni di pazienza d'acciaio e molti tentativi di riconciliazione, tutti ripetutamente respinti dall'Occidente. Non rinuncerà alla Crimea, non permetterà all'Ucraina di lanciare un'altra guerra contro i cittadini russi nel Donbass, e non accetterà che il gasdotto NordStream II verso la Germania non sia completato. Gli americani intendono privare la Russia dei suoi profitti e costringere gli europei a comprare il loro GNL, molto più costoso, come risultato delle loro tipiche tattiche di ricatto.

Se si arriva alla guerra, l'Ucraina non avrà alcuna possibilità contro la Russia. Solo se la NATO e gli Stati Uniti decideranno successivamente di non intervenire in nessun caso, una terza guerra mondiale sarà ancora evitata.

L'Occidente si comporta "come un Babbo Natale drogato". ”

Il tentativo di imporre ancora più sanzioni alla Russia non ha storicamente prodotto alcun risultato. L'economia russa ha continuato ad espandersi, e questo ha avvicinato russi e cinesi. Di conseguenza, Margarita Simonyan, il capo dei media statali russi, ha paragonato il comportamento dell'Occidente guidato dagli americani a "una specie di Babbo Natale maniacale che prende antidepressivi o droghe". ”

Il tentativo di imporre ancora più sanzioni alla Russia non ha storicamente prodotto alcun risultato. L'economia russa ha continuato ad espandersi, e questo ha avvicinato russi e cinesi. Di conseguenza, Margarita Simonyan, il capo dei media statali russi, ha paragonato il comportamento occidentale guidato dagli americani a "una specie di Babbo Natale maniacale che prende antidepressivi o droghe".

Capitolo 7: Bugie palesi

Il vertice dell'aeronautica statunitense lascia l'F-35 fuori dalle simulazioni, mentre la sconfitta è assicurata.

Mentre la Russia e l'Ucraina testano i loro bunker nucleari per vedere se sono ancora operativi in caso di una guerra nucleare, i media occidentali e il pubblico continuano a credere che l'ignoranza sia una benedizione. Molte persone, soprattutto (ex) militari, presumono che l'America e la NATO semplicemente "vinceranno una guerra" con la Russia e/o la Cina. Dimenticatelo, dichiara Scott Ritter, un ufficiale dell'intelligence americana "in pensione "* che ha servito nello staff del generale Schwarzkopf durante la guerra del Golfo e come ispettore di armi INF e ONU nella (ex) Unione Sovietica.

Secondo lui, la superiorità americana è costruita solo su "bugie e auto-inganni". Anche nelle simulazioni, l'Occidente può vincere una guerra solo se c'è un palese imbroglio.

L'aviazione americana ha condotto "esercizi di guerra" nel 2018 e nel 2019 per vedere se poteva proteggere Taiwan da un'invasione cinese. In entrambe le situazioni, gli Stati Uniti sono stati sonoramente sconfitti. La stessa simulazione si è tenuta nel 2020, e l'America ha prevalso, ma solo fabbricando vaste capacità come campi d'aviazione e centri di comando inesistenti, così come aerei che sono solo sul tavolo da disegno o devono ancora essere inventati. "Questo esperimento era quanto di più lontano dalla realtà si possa avere", ha aggiunto Ritter. La verità è che gli Stati Uniti possono difendere Taiwan dalla Cina solo nei loro sogni".

Il progetto di difesa europeo più costoso è il "Relitto del cielo".

Sorprendentemente, l'F-35, che sta anche sostituendo l'F-16 in Europa, non è stato nemmeno schierato virtualmente nella simulazione più recente perché i vertici dell'US Air Force hanno giudicato che l'aereo è completamente incapace di vincere una battaglia in una guerra. (In tutte le simulazioni, gli F-35 sono stati "sparati fuori dal cielo come mosche", secondo un ufficiale del Pentagono qualche anno fa).

E questo "relitto del cielo" è stato acquistato dall'Europa per 6 miliardi di euro, il nostro progetto di difesa più costoso di sempre. Buona fortuna, o meglio: buona fortuna, se si dovesse davvero arrivare a una guerra con la Russia, come i globalisti occidentali sembrano volere da tanto tempo.

Morti vendute come vittorie, bugie confezionate come verità

Ritter illustra che la superiorità aerea americana, e quindi la superiorità sul campo di battaglia, è da tempo una cosa del passato. I pensieri della gente sono ancora inondati dalle immagini della prima guerra del Golfo nel

1991, ma la situazione attuale è incomparabile. Dopo l'11 settembre, l'esercito statunitense ha spostato la sua attenzione dal vincere "grandi" battaglie convenzionali con la Russia e la Cina alla "guerra al terrore" e alla "costruzione della nazione" (che in realtà è diventata ovunque "distruzione della nazione").

Anche le guerre straordinariamente costose in Afghanistan, Iraq e Siria erano difficili da vincere alla fine. Non riuscendo a vincere, gli Stati Uniti hanno perso le "guerre eterne" in Medio Oriente e nel Sud-Est asiatico. Di conseguenza, i vertici dell'esercito americano sono stati condizionati a considerare il fallimento come una conclusione scontata, che viene spiegata mentendo a loro stessi, ai loro superiori o a entrambi. Troppe professioni di successo sono fondate su bugie mascherate da verità, battute d'arresto mascherate da successi, e difetti mascherati da pregi".

In una parola, questa è la visione del mondo occidentale in molti settori, non solo militari. È un segnale d'allarme sempre più forte che la nostra civiltà si è rivoltata contro se stessa attraverso la corruzione, la brama di potere, l'avidità di denaro e il nepotismo, ed è sorda all'udito e cieca alla sua stessa fine.

Solo le armi nucleari possono impedire agli Stati Uniti di combattere contro la Cina o la Russia.

Per molti versi, il "gioco di guerra" dell'US Air Force, recentemente concluso, è un sottoprodotto di questa psicosi - un esercizio di auto-inganno in cui la realtà è stata sostituita da un mondo fittizio in cui tutto funziona come previsto, anche se non esiste. L'aeronautica statunitense non è attualmente in grado di condurre con successo una guerra contro la Cina o la Russia. Anche la sua capacità di condurre con successo una campagna aerea contro l'Iran o la Corea del Nord è in dubbio. Questo è il tipo di verità che farebbe perdere il lavoro a molte persone di alto livello - con o senza uniforme - in un mondo in cui i fatti contassero ancora.

Tuttavia, poiché la colpevolezza di questa incompetenza generale è così estesa, non è immaginabile una vera responsabilità per ciò che è accaduto". Invece, di fronte alla verità dei suoi difetti, la US Air Force 'inventa' la vittoria. Questa 'vittoria' è priva di significato in sé e per sé. Se la Cina invadesse Taiwan, gli Stati Uniti non avrebbero altra scelta che usare armi nucleari per fermarli".

'Modello di comportamento basato su falsità, inganno e autoinganno'

L'acquisizione pianificata di ulteriori aerei, secondo Ritter, si basano solo su queste invenzioni, su questa falsa nozione di una forza aerea che può "vincere" le guerre.

L'Aeronautica Militare degli Stati Uniti sta solo ripetendo un modello di comportamento basato su falsità, inganno e auto-illusione che ha permesso di guidare negli ultimi due decenni, compresi gli alti ufficiali e i leader politici. L'effetto finale sarà che, anche se all'aeronautica statunitense vengono date tutte le risorse e le capacità necessarie per "difendere" e vincere Taiwan in una simulazione di guerra (cosa che non sarà), l'unico posto in cui vinceranno sarà nei loro sogni".

Una guerra nucleare sarà persa anche dall'Occidente.

Anche se gli americani ricorrono alle armi nucleari, secondo il personaggio radiofonico americano ed ex funzionario dei servizi segreti Hal Turner, la battaglia sarà persa. Egli cita il fatto che la Russia ha costruito enormi rifugi per i suoi cittadini, in cui milioni di persone possono sopravvivere per lunghi periodi di tempo. Gli Stati Uniti, come l'Europa, non hanno tali rifugi.

Capitolo 8: la Cina entra nel gioco

"In 4 settimane, una guerra mondiale potrebbe essere scatenata in Ucraina mentre Putin invia 4.000 truppe e carri armati al confine", ha recentemente titolato The Sun, il più famoso giornale scandalistico britannico.

Che faccia scalpore o meno, l'annuncio che la Cina invierà presto 5.000 truppe in Iran è estremamente pericoloso. Inoltre, Teheran ha dimostrato un missile da crociera in grado di colpire Berlino, e i mullah hanno garantito il loro sostegno alla Russia nel caso in cui l'Ucraina lanciasse un attacco frontale alla Crimea e al Donbass, scatenando una guerra guidata dalla NATO.

Solo uno "psicanalista" può capire gli obiettivi di Mosca, secondo l'analista militare russo Pavel Felgenhauer, che ha anche avvertito che gli sviluppi potrebbero portare a una guerra catastrofica entro un mese.

Tutto il dolore provocato dal colpo di stato del 2014

Nel 2014, la CIA ha orchestrato un violento colpo di stato in Ucraina con l'aiuto di USA e UE. Il presidente democraticamente eletto del paese è stato rovesciato e sostituito con una dittatura fantoccio sostenuta dall'Occidente, che ha lanciato una guerra omicida contro la popolazione russofona del paese nell'est.

Al fine di portare l'Ucraina nella NATO il più rapidamente possibile, un attacco "false flag" altamente probabile è stato effettuato su un aereo passeggeri (MH17) in volo da Amsterdam alla Malesia, che è stato deliberatamente diretto dal controllo del traffico aereo ucraino su zone di guerra.

Il principale porto navale russo a Sebastopoli (Crimea) sarebbe perso, e una volta che le basi NATO saranno erette in Ucraina, le armi nucleari della Russia potrebbero essere distrutte dai missili americani in un attacco a sorpresa in pochi minuti, mettendo il paese senza difese.

La Cina invia 5000 truppe in Iran, che ha lanciato un missile capace di colpire Berlino.

Tuttavia, si sta formando un asse che è stufo di anni di razzismo occidentale a guida americana e di guerre, così come di tutte quelle missioni apparentemente di "pace e democrazia" che hanno ucciso milioni di persone in questo secolo. La Repubblica Islamica dell'Iran, per esempio, ha presentato sabato scorso un nuovo missile da crociera con una portata di 3.000 chilometri capace di colpire Berlino.

Nel frattempo, la Cina ha annunciato spese significative per miliardi di dollari in Iran, tra cui il dispiegamento di 5.000 truppe e la creazione di nuovi avamposti militari.

La luce già scomparsa dell'Occidente si sta spegnendo per sempre?

Nel gennaio 2018, la BBC nel Regno Unito ha mandato in onda un notiziario simulato sull'inizio di una guerra tra la NATO e la Russia, con il lancio di armi nucleari dopo solo un'ora. Un simile annuncio fittizio della terza guerra mondiale con la Russia è stato trasmesso dall'emittente pubblica tedesca.

Chiamatelo allarmismo o programmazione predittiva, ma una cosa è chiara all'inizio del 2021: negli ultimi anni, abbiamo avuto solo leader, media e istituzioni in Occidente, così come nel nostro stesso paese, che sanno solo mentire e barare freddamente su questioni importanti, che si tratti della Russia, del coronavirus, delle vaccinazioni o del clima. La luce, come i loro leader, è svanita da tempo per coloro che ci cascano con gli occhi aperti e/o a volte pensano addirittura che sia una buona cosa. Peggio, ciò che prima era luce è stato ribattezzato tenebra, e ciò che era tenebra è stato ribattezzato luce.

Russia, Cina e Iran sono tutti sotto tiro, ma non è chiaro quanto tempo sia rimasto all'Occidente per rinsavire, guardarsi allo specchio e ammettere quanto siamo caduti come cosiddetta "civiltà avanzata". Se continuiamo al nostro ritmo attuale, non saranno più di 10 anni o giù di lì, e se The Sun ha ragione per una volta, non saranno più di 10 settimane. Quando questa più probabile catastrofe si verificherà, sarà inaspettata per la stragrande maggioranza di noi, e totalmente sotto la nostra responsabilità, secondo noi.

Capitolo 9: L'Occidente contro la Russia

Una "minaccia estremamente seria alla sicurezza nazionale" è solo un passo dalla dichiarazione di guerra.

A causa della "minaccia unica e senza precedenti che la Russia rappresenta per la sicurezza nazionale, la politica estera e l'economia degli Stati Uniti", il presidente americano Joe Biden ha proclamato uno "stato di emergenza nazionale". Gli Stati Uniti stanno espellendo dieci diplomatici russi e attuando nuove restrizioni. La Russia sta preparando intensamente il suo esercito e la sua flotta per un grande conflitto (globale), che teme - e giustamente - che gli americani sempre più aggressivi vogliano iniziare.

Le uniche persone che si sono opposte al "Grande Reset" dei globalisti occidentali sono state Trump e Putin. Trump è stato esonerato grazie alla più grande frode elettorale della storia; ora è il turno della Russia. I folli tecnocrati neo-marxisti americani ed europei sembrano credere di poter vincere una guerra contro la Russia senza causare troppi danni.

La Russia si prepara alla guerra.

Come risultato, la Russia espellerà un gran numero di diplomatici americani. Lo stretto di Kerch, che collega la penisola di Crimea e la terraferma russa, sarà chiuso a tutte le barche della marina e di proprietà straniera a partire dalla prossima settimana.

La chiusura durerà fino a ottobre, e colpisce soprattutto le città portuali ucraine di Mariupol e Berdyansk.

Vicino al confine ucraino, veicoli blindati e camion russi sono stati avvistati con le cosiddette "strisce di invasione". Strisce bianche chiare sono dipinte sui veicoli per proteggerli dall'essere abbattuti dai loro stessi aerei e carri armati. Questo sembra segnalare che la Russia sta davvero considerando di porre fine all'amministrazione neonazista sostenuta dall'Occidente a Kiev, che, come i nostri lettori sanno, ha tentato per anni di creare una massiccia guerra NATO-Russia.

L'Ucraina sostiene che più di 110.000 truppe russe, 330 aerei e 240 elicotteri saranno di stanza lungo il suo confine. Kiev sostiene che la Russia sta trasferendo armi nucleari in Crimea, ma abbiamo i nostri dubbi. Infatti, la Russia non ha alcun obbligo di farlo; l'Ucraina potrebbe teoricamente essere annientata da armi nucleari lanciate da qualsiasi parte del pianeta.

La maggior parte della flotta russa del Pacifico è tornata a Vladivostok e viene adeguatamente rifornita lì, secondo le immagini satellitari. Almeno una nave da guerra sta ricevendo "nuovi" missili a bordo. Questo suggerisce che la Russia si aspetta che qualsiasi conflitto vada oltre l'Ucraina e nel resto del mondo.

Sembra che uno scontro militare tra gli Stati Uniti e la Russia sia solo una questione di tempo.

Ora che il presidente degli Stati Uniti ha bollato la Russia come un "pericolo per la sicurezza nazionale" e Biden ha dato l'ordine di rispondere a questa "minaccia", lo scontro militare che Washington e Bruxelles hanno a lungo desiderato sembra essere solo una questione di tempo, potenzialmente solo poche settimane di distanza.

Il presidente Putin ha riconosciuto da tempo come opera l'Occidente e, di conseguenza, ha rifiutato l'offerta di un incontro con il vicepresidente Joe Biden. Questo non sarebbe altro che la famosa diplomazia ricattatoria occidentale ("vogliamo la pace, ma solo alle nostre condizioni, e se non siete d'accordo, seguiranno le nostre bombe e i nostri missili"), che ha causato la morte di milioni di persone solo negli ultimi due decenni.

'I neocon guerrafondai stanno facendo esattamente quello che dovevano smettere di fare nel 2016 quando la vittoria di Trump ha mandato in frantumi i loro satanici preparativi per la guerra con la Russia... Poi c'erano molti che sostenevano che Trump fosse pericoloso', dice Hall Turner, un presentatore radiofonico americano. Questo idiota demente senile sarà la rovina di tutti noi", dice Biden.

Presumibilmente non c'è bisogno di spiegare cosa dice questo sullo stato mentale dei leader europei, che erano così scioccati quando questo "mezzo idiota" guerrafondaio è riuscito a strappare dalla Casa Bianca il Trump che disprezzavano, né sembrano preoccuparsi di quello che succede a voi, a me e a centinaia di milioni di altre persone.

Lo stato nazionale, la libertà e la vostra voce vengono soffocati. - Solo la resistenza di massa potrà impedire che questo piano anti-umano venga attuato".

Café Weltschmerz ha pubblicato un'intervista con un noto esperto americano di Agenda 21, che può essere riassunta come una presa di potere che finirà per sottomettere il mondo intero a una dittatura comunista tecnocratica in cui gli individui e i popoli non avranno alcuna voce in capitolo, anche sulla propria salute e vita. La fase successiva di questo colpo di stato de facto contro la nostra libertà, democrazia e diritto all'autodeterminazione è iniziata con l'inganno della pandemia di paura Covid-19.

Il Café Weltschmerz non pubblica sotto di esso "L'obiettivo nascosto alla base della rovina della nostra società" per niente - un danno che viene portato avanti di proposito anche dal governo europeo.

Rosa Koire, il direttore esecutivo del Post Sustainability Institute e un'esperta dell'uso della terra e dei diritti di proprietà che ha tenuto discorsi in tutto il mondo, è stata intervistata dal giornalista indipendente Spiro Kouras (Activist Post). Democrats United Against UN Agenda21, un sito web che era inaccessibile al momento della scrittura, ha una raccolta del suo lavoro.

Koire è anche l'autore di "Behind the Green Mask: The United Nations Agenda 21". Nel 1992, 178 paesi, compreso il Vaticano, hanno approvato l'Agenda 21. Una élite di potere globalista cerca il controllo totale di tutta la terra, l'acqua, la vegetazione, i minerali, la costruzione, i mezzi di produzione, il cibo e l'energia con questo scopo. Questo controllo totale deve estendersi all'applicazione della legge, all'istruzione, all'informazione e alla gente stessa.

Agenda 2030: un primo passo verso l'abolizione dello stato-nazione e la libertà

Grandi somme di "denaro" devono anche essere trasferite dai paesi sviluppati a quelli in via di sviluppo. Alla fine, si tratta di derubarvi del vostro diritto ad avere una voce e un governo rappresentativo. I governi nazionali si trasformano in burocrazie. La vostra capacità di essere liberi e autosufficienti viene sistematicamente erosa. L'idea è di spostare l'autorità dai governi locali e dagli individui a una struttura di governo globale...

È uno schema per destabilizzare e distruggere il sistema attuale. È una strategia di trasformazione e controllo, ed è quello che stiamo vedendo in questo momento".

L'Agenda 2030, come il 2020, il 2025 e il 2050, è solo un passo avanti nell'Agenda 21. Questo schema nefasto deve essere realizzato entro il 2050, con l'aiuto e l'assistenza di grandi personalità globaliste come Ford,

Rockefeller, Soros, Gates, Zuckerberg, Musk, il Papa e, ultimo ma non meno importante, Rothschild. Tutti gli stati nazionali saranno eliminati entro il 2050, con la popolazione mondiale concentrata in poche megalopoli che possono fagocitare intere nazioni e paesi (proprio come l'Olanda, insieme al Belgio e alla Ruhr tedesca, sta per diventare una sola grande città).

Questo ha lo scopo di soffocare il tuo potere di controllare ciò che ti succede. È una strategia mondiale, ma viene attuata in modi diversi in tutto il mondo". Questo è fatto apposta per distogliere l'attenzione della gente dagli obiettivi genuini.

In verità, l'Agenda 21 comprende tutto ciò che viene definito "verde" o "sviluppo sostenibile". Questo include il "cambiamento climatico", che comprende tutti gli accordi e gli sforzi sul clima, così come Covid-19. Un problema globale richiede una risposta globale", sostengono. Questo richiede una governance globale".

Il cambiamento climatico e la pandemia di corona sono "destinati a spingere la gente nel panico, così male che ci si preoccupa letteralmente di non sopravvivere", secondo gli autori. Secondo Koire, l'esistenza o meno di un problema climatico è irrilevante. È così efficace che sarebbe stato inventato a prescindere (anzi, è inventato, concepito, nei primi anni '90, il che è letteralmente scritto nei documenti delle Nazioni Unite).

Il "Grande Reset (verde)" è in corso.

Skouras menziona poi il 'Grande reset (verde)' del
Forum economico mondiale, che è stato annunciato a
Davos. Non voglio sembrare allarmista", risponde Koire,
ma teme che questo "reset" venga portato avanti senza
tener conto dei costi per le persone e la società. Stanno,
tuttavia, mantenendo le loro maschere verdi, poiché
una volta rimosse, gli stivali dell'esercito e le trincee
sono mostrati". Letteralmente.

Siamo arrivati a una posizione in cui chi è al potere non
si preoccupa delle proteste e delle preoccupazioni del
pubblico. E' come se ci stessero mandando un
messaggio che non gli importa più di noi". Anche se
sembra che non ci sia molto altro da fare, Koire sente
che è ancora fattibile.

La tecnologia è progredita al punto che due grandi
obiettivi, la vita eterna e la capacità di costruire la
propria esistenza, sono ora a portata di mano. Questa
gente non ha limiti etici, il che è abbastanza
preoccupante. L'avete visto con i nazisti, Stalin, e ora
con l'attuale amministrazione. Non c'è niente che si
possa fare per fermare queste persone".

Tutto e tutti saranno connessi a internet.

Tutto e tutti saranno connessi digitalmente nella
"quarta rivoluzione industriale" che hanno già messo in
moto.

65

Stanno discutendo un nuovo patto sociale. Nella maggior parte dei casi, entrambe le parti di un contratto hanno qualcosa da dire al riguardo. Tuttavia, questo è un contratto in cui nessuno dei due ha voce in capitolo... Una delle cause del panico nelle strade è dovuta a questo. È perché è un avvertimento, un messaggio per noi: questo è quello che vi succederà se scendete in strada e sfidate il nostro piano".

La gente mi chiede: 'Chi è che ci sta torturando? Questo è il governo con cui avete a che fare. Il governo del vostro paese è stato preso in consegna". Si sta tentando di incitare un'insurrezione con l'appoggio di gruppi e movimenti come Antifa e Black Lives Matter.

Ci stanno attaccando". Questo è stato il catalizzatore della defezione di Koire dal Partito Democratico. Tuttavia, i partiti sono solo un diversivo. Il potere non conosce partiti al vertice. Tutti i mezzi disponibili vengono impiegati in questa conquista globalista del potere.

Il piano è quello di interrompere e interrompere di nuovo, e questo è esattamente ciò che sta accadendo in questo momento. Questa è una strategia di successo per distruggere la coesione sociale".

La decostruzione individuale viene chiamata "trasformazione".

'Trasformazione' è una parola magica comunemente usata nell'educazione, nell'economia, nelle forze dell'ordine e nella società. 'In realtà, la trasformazione riguarda lo smantellamento dell'individuo, di qualsiasi 'vecchia' struttura, come la tua famiglia, le tue 'vecchie' opinioni, o la tua fede... È un approccio psicologico che decostruisce la tua personalità prima di ricostruirla (secondo i loro nuovi criteri)".
La parola "razzismo istituzionale" non è altro che un pretesto per distruggere la vostra mente. È stato impiegato da Mao Zedong, Sung e dai nazisti. È un metodo per smantellare la tua individualità al fine di ricrearti come un nuovo essere umano, un nuovo cittadino del mondo".

A.I. e umani devono diventare una cosa sola.

Anche l'intelligenza artificiale (A.I.) gioca un ruolo in questo processo. Una forza di polizia (globale) A.I. è in arrivo, e non sarà composta da persone. Anche i droni alla fine saranno controllati dall'intelligenza artificiale piuttosto che dagli umani. 'Non credo di doverlo spiegare, perché poi ci si trova in una situazione davvero pericolosa'. A Singapore, i robot intelligenti sono sempre più utilizzati per far rispettare la separazione sociale, mentre la Nuova Zelanda ha recentemente presentato il suo primo agente di polizia A.I.

Questo è fondamentalmente un obiettivo anti-
umanitario, dove vogliono integrare l'intelligenza
umana e quella delle macchine (AI)", ha detto Skouras.

Tutti sono stati bollati come possibili nemici l'uno
dell'altro secondo le misure Covid-19. La premessa è
che anche i familiari e gli amici più stretti non sono più
affidabili. Allo stesso tempo, la nostra salute si sta
deteriorando, secondo Koire, che è una componente
chiave del piano Agenda 21. Questo è il piano del
governo per inventariare e controllare tutto, compreso
il tuo DNA (da qui l'insistenza del governo affinché il
maggior numero possibile di persone sia testato per il
Covid-19, che permetterà di estrarre e conservare
immediatamente il tuo DNA)".

Devi "provare" che sei un cittadino leale e obbediente
che è "degno" di continuare a vivere nel nuovo ordine
basato sul tuo "status di credito sociale", come in Cina e
presto negli Stati Uniti e in Europa. Naturalmente, il
sistema sta facendo questo da molto tempo, favorendo
persone brillanti selezionate, che sono poi costrette a
pagarne il prezzo. Il sistema cinese sarà implementato
in tutto il mondo.

Vaccino per lo spopolamento

Negli anni '90, i cinesi hanno anche promesso di
collaborare con gli Stati Uniti per un vaccino di
spopolamento". È qualcosa che hanno effettivamente
fatto? Quel vaccino è attualmente disponibile, e viene

'venduto' all'umanità sotto un nuovo nome (forse il vaccino Covid-19?)? Lo 'spopolamento è un aspetto integrale del piano', in ogni caso. Dovete essere 'separati' e trasferiti se si scopre che non avete abbastanza valore e/o state occupando troppo spazio, usando troppa energia, acqua o terra.

Questo è il punto cruciale dell'agenda del cambiamento climatico". L'agenda dell'Unione Europea è tutta incentrata sul cambiamento climatico, e gli agricoltori europei ne sono ben consapevoli, poiché la loro vita e il loro lavoro sono sempre più resi impossibili dal governo europeo, impegnato a trasformare tutti i punti dell'Agenda 21 in politica, senza badare ai costi per la prosperità e il benessere del nostro paese.

La grande maggioranza dell'umanità sarà costretta a vivere in megalopoli ('multiculturali'), dove ogni elemento della nostra vita sarà monitorato e controllato 24 ore al giorno, 7 giorni alla settimana, 365 giorni all'anno. Questo approccio porterà essenzialmente via tutta la vostra libertà. E questo non è qualcosa che accadrà in futuro, è qualcosa che sta già accadendo. Quindi non è qualcosa che accadrà nel 2030 o nel 2050. Il 2020 è un anno estremamente significativo. Molte di queste strategie vengono già attuate su scala regionale".

La consapevolezza è il primo passo, l'azione è il secondo.

69

È ancora possibile fermare tutto questo? Il primo passo della resistenza è la consapevolezza", spiega Koire. Il secondo passo è l'azione". La gente deve riconoscere che siamo stati socializzati per essere passivi e credere che premere 'mi piace' sui social media significa che siamo politicamente impegnati; ma, se non esci di casa, non sei un attivista politico. Il loro obiettivo è dichiarare l'opposizione pubblica alla distruzione e al piano di controllo assoluto di Agenda 21 illegale e impossibile in anticipo, ed è per questo che stanno imponendo l'isolamento e la distanza sociale.

E non sostenete che il vostro governo è così orribile che non avete alcun ricorso. Sono sicuro che sembra così, ma solo perché avete permesso che la cosa progredisse fino a questo punto. Non migliorerà se lo ignorate. Ecco perché credo che dovreste "occupare" il vostro governo (lett. occupare, anche "sequestrare", "occupare" o "occupare"). Siate responsabili del vostro governo. Sì, siamo nelle ultime fasi del gioco e non ci resta molto tempo. Quindi avresti dovuto farlo molto tempo fa".

La gente deve cominciare a riconoscere l'Agenda 21 nelle proprie comunità e regioni. È una buona idea parlarne nel vostro consiglio locale. Parlatene regolarmente con i rappresentanti della gente. Ogni punto all'ordine del giorno del vostro consiglio comunale è quasi certamente legato all'Agenda 21. Incoraggia la gente a visitare il suo sito web e a leggere il suo libro per "imparare come gestiscono l'opinione

pubblica in modo da non causare loro difficoltà".
Vogliono che tu stia seduto sulla tua sedia a casa".

Quindi coinvolgetevi, parlate con la gente e con i
funzionari, distribuite volantini, condividete filmati,
scrivete e pubblicate su di esso". Perché essere
semplicemente consapevoli della situazione e non fare
nulla al riguardo non è più sufficiente. Dovete
impegnarvi politicamente ed essere disposti ad
accettare che non sarete in grado di prendere tutto da
loro subito". Vogliono iniziare a sostituire la realtà con
la VR (realtà virtuale), per esempio, perché renderebbe
la vita molto più piacevole. Tuttavia, non appena
inizierete a farlo, la vostra vita sarà finita. Di
conseguenza, dovete resistere".

Se si deve credere a Wikipedia, Agenda 21 è un'agenda
anti-umana.

'Parlane ovunque tu lavori, ovunque tu vada'. Questo
irriterà molte persone, e irriterà anche voi (più). Ma così
sia; che ci piaccia o no, questo piano è reale e viene
attuato proprio ora". Ciò che Wikipedia sostiene
sull'Agenda 21 non è corretto. Non è né volontaria né
"non vincolante". Questo piano è obbligatorio per voi....
Quindi uniamoci e combattiamolo. Dobbiamo tutti
opporci ad esso".

Infatti", dice Skouras. Lo presentano come un modo per
migliorare e salvare il globo, il clima e l'ambiente.
Tuttavia, (Piano 21 / 2030) è un'agenda anti-umana che

è attualmente in fase di attuazione. Non vogliamo
percorrere quella strada oscura verso la tirannia".

Capitolo 11: Dramma orchestrato

Tutto per realizzare l'"Agenda 2030", un governo comunista totalitario globale che richiede la distruzione del benessere occidentale - L'Alto Commissario delle Nazioni Unite per i diritti umani non vuole che le chiusure finiscano subito.

In un'intervista a The Guardian, Lise Kingo, il direttore esecutivo del Global Compact delle Nazioni Unite, ha ammesso che ci sono "parallelismi molto, molto evidenti" tra la crisi umanitaria, le proteste "antirazziste" di e per Black Lives Matter, e l'agenda climatica. Secondo Kingo, la risposta globale a Corona - chiusure, isolamento sociale e la parziale distruzione dell'economia attuale - è davvero una "prova generale" per quello che accadrà se verrà dichiarata una "emergenza climatica globale".

Ha avvertito che la situazione di Corona è solo una "prova del fuoco" per quello che verrà. Ha detto che la cosiddetta pandemia, le proteste contro il razzismo e il clima fanno tutti parte dell'"agenda dello sviluppo sostenibile" dell'ONU. L'unico percorso in avanti è la creazione di un mondo in cui nessuno sia svantaggiato".

L'uccisione del violento criminale George Floyd a Minneapolis, secondo King, dimostra che il "terribile razzismo" persiste ancora. Ha continuato dicendo che i "diritti umani" sono intrinsecamente legati all'ambiente. Inoltre, la donna consiglia alle grandi aziende e agli

amministratori delegati di diventare "attivisti sociali",
sostenendo che i giovani lavoreranno per loro solo se si
incoraggia "l'uguaglianza sociale".

**L'alto commissario delle Nazioni Unite per i diritti
umani non vuole che le chiusure finiscano, anche se i
vaccini vengono distribuiti**

Nonostante il fatto che decine di milioni di persone
hanno già perso il lavoro e che il numero di morti
stimati per le chiusure sarà 25 volte superiore a quello
del coronavirus, la collega di Kingo, Michelle Bachelet,
Alto Commissario per i diritti umani, ritiene che le
chiusure non dovrebbero essere revocate "troppo
rapidamente".

Infatti, Bachelet si professa spaventata dalla "seconda
ondata", che, secondo un gran numero di scienziati
indipendenti e altri esperti, non sarà altro che
propaganda "psy-op" perché la maggioranza del popolo
è naturalmente immune al virus.

**Le Nazioni Unite intendono utilizzare la questione della
corona per "abbattere l'economia fossile".**

In aprile, il segretario generale delle Nazioni Unite
António Guterres ha esortato l'Occidente, in particolare,
a utilizzare le sanzioni per destabilizzare l'economia
"fossile". Guterres, un marxista nato, vede la crisi
finanziaria come un'opportunità d'oro per attuare la sua
visione di una tirannia comunista mondiale sotto la

bandiera delle Nazioni Unite ("Agenda 2030"). Se i dollari delle tasse sono usati per salvare le società, devono essere utilizzati per promuovere posti di lavoro verdi e una crescita inclusiva a lungo termine". Non dovrebbe salvare le imprese inquinanti e ad alta intensità di carbonio che sono superate".

Questo corso d'azione si tradurrà nella disoccupazione di centinaia di migliaia, se non milioni, di persone nella sola Europa, così come nella povertà diffusa. Per evitare una ribellione diffusa, l'impero sta de facto espropriando e/o nazionalizzando varie imprese con l'assistenza del governo, dando all'impero il controllo completo sulla natura e sul futuro di queste imprese - se è permesso loro di esistere.

Entrambe le agende sono state firmate dal governo europeo, che da anni segue un programma attivo per causare danni irreversibili all'agricoltura, all'economia, all'approvvigionamento energetico e alla società europea al fine di realizzare l'Agenda-2030, per la quale è stato sviluppato anche il "Green New Deal" dell'UE.

I nostri altri libri

Dai un'occhiata ai nostri altri libri per altre notizie non riportate, fatti esposti e verità sfatate, e altro ancora.

Unisciti all'esclusivo Rebel Press Media Circle!

Riceverai nella tua casella di posta elettronica ogni venerdì un nuovo aggiornamento sulla realtà non raccontata.

Iscriviti qui oggi:

https://campsite.bio/rebelpressmedia

www.ingramcontent.com/pod-product-compliance
Lightning Source LLC
LaVergne TN
LVHW011055200726
843509LV00011B/1409